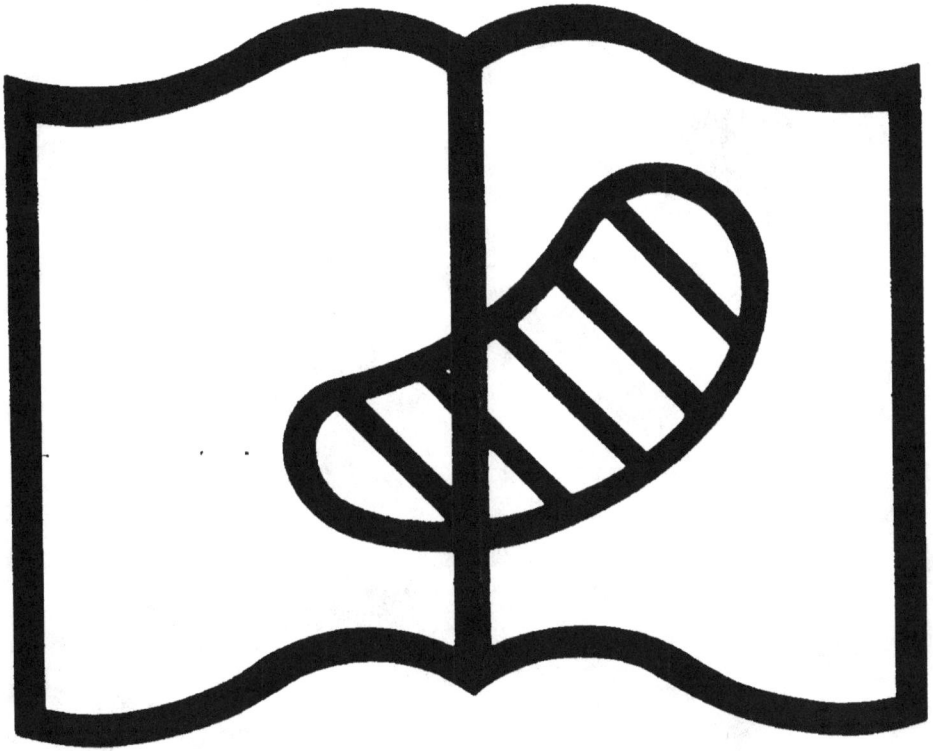

Original illisible

BIBLIOTHÈQUE
du
MOUVEMENT SOCIALISTE

II

Emile POUGET

LA

CONFÉDÉRATION

GÉNÉRALE DU TRAVAIL

PARIS
LIBRAIRIE DES SCIENCES POLITIQUES & SOCIALES
Marcel RIVIÈRE
3o, Rue Jacob
—
1908

LISTE DES CONGRÈS

Tenus par la

CONFÉDÉRATION GÉNÉRALE DU TRAVAIL

= LA CONFÉDÉRATION =
GÉNÉRALE DU TRAVAIL

I

L'Organisation

Depuis qu'au congrès corporatif de Limoges de 1895, la classe ouvrière s'est donnée une organisation autonome, indépendante de tous les partis démocratiques, elle a eu la tendance continue à toujours se libérer davantage de toutes les tutelles, soit de l'Etat, soit des municipalités.

C'est que la classe ouvrière ne rêve pas de s'adapter au monde capitaliste, de s'encastrer dans le système de production actuelle, pour s'y développer aux mieux de ses intérêts. Elle a des visées plus hautes, — des visées de transformation sociale, — et ce sont ces aspirations révolutionnaires qui l'ont amenée à se constituer en parti de classe, en opposition à tous les autres partis et en opposition à toutes les autres classes.

Ainsi, outre que par sa forme d'organisation, la classe ouvrière entend s'être forgée un moyen de lutter, au jour le jour, contre les forces d'exploitation et d'oppression, elle entend, aussi, réaliser et fortifier des groupements aptes à accomplir l'expropriation capitaliste et capables de procéder à une réorganisation sociale sur le plan commmuniste.

L'organisme confédéral est essentiellement *fédéraliste*. A la base, il y a le Syndicat — qui est un agglomérat de travailleurs ; au second degré, il y a la Fédération de Syndicats et l'Union de Syndicats, — qui sont des agglomérats de syndicats ; puis, au troisième et dernier degré, il y a la Confédération Générale du Travail, — qui est un agglomérat de Fédérations et d'Unions de syndicats.

A chaque degré, l'autonomie de l'organisme est complète : les Fédérations et Unions de syndicats sont autonomes dans la Confédération ; les syndicats sont autonomes dans les Fédérations et Unions de syndicats ; les syndiqués sont autonomes dans les syndicats.

Cette coordination des forces ouvrières s'est faite, naturellement, logiquement, comme toutes les manifestations de la vie, — et non arbitrairement, suivant un programme élaboré à l'avance. Elle s'est faite du simple au composé, en partant de la base : les syndicats se sont d'abord constitués ; puis, quand la nécessité de groupements plus complexes est apparue, sont venues les Fédérations et Unions de syndicats; ensuite, à son heure, s'est réalisée la Confédération.

I

LES SYNDICATS

Les syndicats, cellule de l'organisation corporative, sont constitués par le groupement des ouvriers d'un même métier, d'une même industrie, ou accomplissant des besognes similaires. La volonté initiale des constituants du syndicat est de réaliser une force capable de résister aux exigences patronales. Donc, le groupement se fait, spontanément, sur le terrain économique, sans qu'il soit besoin qu'intervienne aucune idée préconçue ; ce sont des intérêts qui sont en jeu ; et tous les ouvriers qui ont des intérêts identiques à ceux débattus dans ce groupement, peuvent s'y affilier, sans qu'ils aient à faire connaître quelles sont leurs conceptions en matière philosophique, politique ou même religieuse.

Une carastéristique du syndicat, sur laquelle il est nécessaire d'insister est qu'il ne limite pas son action à revendiquer uniquement pour ses membres ; il n'est pas un groupement particulariste, mais profondément social, et c'est pour l'ensemble des travailleurs de la corporation qu'il combat. Par cela même que ne préside à sa coordination aucune pensée d'étroit égoïsme, mais un sentiment de profonde solidarité sociale, il manifeste, dès l'origine, les tendances communistes qu'il porte en soi et qui iront en s'accentuant, au fur et à mesure de son développement.

On sait que les syndicats ne sont pas de création récente, quoique la loi qui règle leur existence ne remonte qu'à 1884. Longtemps avant, malgré l'interdiction légale, il s'en était constitué. Et c'est parce que, en fait, les syndicats avaient conquis leur place au soleil, que l'Etat s'est avisé de leur reconnaître une existence légale ; il a sanctionné ce qu'il ne pouvait empêcher. Il l'a fait, d'ailleurs, avec l'arrière-pensée de canaliser et d'énerver cette force ouvrière.

Ces préoccupations gouvernementales n'échappèrent pas à la clairvoyance des travailleurs. Aussi, dès l'abord, ils accueillirent avec répugnance et suspicion la loi nouvelle, se refusant à remplir les formalités exigées. Depuis lors, cependant, la plupart des syndicats qui se fondent ne se constituent plus en marge de la loi. Certes, il y a dans ce fait un peu d'accoutumance ; cependant, cela ne signifie pas que les organisations corporatives, disciplinées, se sou mettent à l'esprit de la loi. Le contraire est plus exact : les syndicats ne tiennent pas compte des prescriptions législatives; ils se développent sans se préoccuper d'elles et s'ils remplissent les formalités exigées, c'est parce qu'ils n'y attachent aucune importance, se sachant asssez forts pour passer outre.

La loi de 1884, après avoir aboli la législation interdisant tout groupement corporatif, édicte pour les syndicats la nécessité de déposer leurs statuts à la mairie et les noms de ceux qui, à un titre quelconque, sont chargés de l'administration; il est stipulé que ces derniers doivent être français.

Les réunions syndicales sont libres ; elles se tiennent sans avis préalable aux autorités, sans qu'aucune entrave puisse être mise à leur tenue.

De prime abord, l'objection faite à cette loi fut l'obligation de faire connaître les noms des militants du syndicat. On craignait avec raison que la police, avisée ainsi naturellement, n'intervint chez les patrons des administrateurs et leur occasionnât des ennuis. Ce n'était pas une crainte exagérée ; la chose s'est produite un nombre incalculable de fois. Seulement, à la pratique de la lutte, les militants se sont rendus compte que cet inconvénient résultait autant de l'action syndicale elle-même que de la déclaration légale.

L'administration syndicale est très simple ; l'assemblée générale du syndicat nomme un conseil syndical de quelques membres, environ une dizaine, et un secrétaire et un trésorier ont charge de la besogne, toute d'administration. Les fonctions du conseil syndical, de même que celles du secrétaire et du trésorier, sont très définies, limitées à l'exécution des décisions de l'assemblée. Pour toute question d'ordre général et non prévue, c'est à celle-ci qu'il en est référé. Les décisions de l'assemblée générale sont souveraines et valables quel que soit le nombre des membres présents. En ceci se manifeste la divergence de principe qui met aux deux pôles le démocratisme et le syndicalisme. Le premier est la manifestation des majorités inconscientes qui, par le jeu du suffrage universel, font bloc pour étouffer les minorités conscientes, en vertu du dogme de la souveraineté populaire. A cette souveraineté, le syndicalisme oppose les droits des individus et il tient seulement compte des volontés exprimées par eux. Si les volontés manifestées sont peu nombreuses, c'est regrettable, mais ce n'est pas une raison pour les annihiler sous le poids mort des inconsciences ; il considère donc que les indifférents, par le seul fait qu'ils ont négligé de formuler leur volonté n'ont qu'à acquiescer aux décisions prises. Et cela est d'autant plus normal qu'ils se sont enlevés tout droit de critique, par leur apathie et leur résignation.

La besogne du syndicat qui prime toutes les autres et qui lui donne son véritable caractère d'organisme de combat social, est une besogne de lutte de classe ; elle est de résistance et d'éducation. Le syndicat veille aux intérêts professionnels, non pas spécialement de ses membres, mais de l'ensemble de la corporation ; par son action, il tient en respect le patron, réfrène ses insatiables désirs d'exploitation, revendique un mieux-être toujours plus considérable, se préoccupe des conditions d'hygiène dans la production, etc. Outre cette besogne quotidienne, il a souci de ne pas négliger l'œuvre éducatrice qui consiste à préparer la mentalité des travailleurs à une transformation sociale éliminant le patronat.

Les besognes au jour le jour, auxquelles le syndicat fait face sont de deux ordres : appui mutuel et résistance ; ainsi il s'occupe du placement des sans-travail et facilite à ceux-ci la recherche d'emplois ; il y a même des syndicats qui s'adonnent à des œuvres de mutualité, telles que secours de maladie, de chômage, etc.

C'est dans cette voie, qui n'est pas spécifique de la lutte de classe et qui, au contraire, si d'autre horizon n'apparaissait pas, constituerait une adaption du syndicat au milieu capitaliste, que les pouvoirs publics voudraient voir s'aiguiller les organisations corporatives. Ils les souhaiteteraient mettant au premier plan ces œuvres, plus mutualistes que revendicatrices. Mais les syndicats français ont dépassé ce stade ; ils ont fait de la mutualité autrefois, principalement pour masquer l'œuvre illégale de résistance au patronat; ils ont même caressé le rêve de s'émanciper par la coopération ; seulement, l'expérience aidant, ils se sont dégagés et, aujourd'hui, c'est l'œuvre de résistance à l'exploitation capitaliste qui domine toutes leurs préoccupations.

Cette attitude différencie les syndicats français de ceux des autres pays (Angleterre, Allemagne, etc.), où la mutualité tient une large place dans les préoccupations. En France, on ne dédaigne pas la mutualité, forme primaire de la solidarité, mais on en fait en dehors du syndicat, afin de ne pas surcharger l'organisme de lutte et risquer d'atténuer ainsi sa force combative.

Le tableau suivant, qui indique les institutions créées par les syndicats, fait constater le rôle effacé attribué à la mutualité dans les syndicats. Sur près de 5.000 syndicats au 1er janvier 1905, date de la dernière statistique, qui englobe les syndicats ouvriers « rouges » aussi bien que « jaunes », et qui a été dressée par le Ministère du Commerce, il y avait en leur sein :

Bureaux ou offices de placement. 1.366
Bibliothèques professionnelles. 1.412
Caisses de secours mutuels 929
Caisses de chômage 718
Secours de route (viatium) 695
Cours et écoles professionnelles. 512
Caisses de retraite 76
Caisses de crédit mutuel 54
Coopératives de consommation, économats 83
Coopératives de production. 34

On le voit, à part les bureaux de placement qui, après les bibliothèques, tiennent le premier rang, les œuvres de mutualité n'arrivent pas à dépasser le cinquième de l'effectif des organisations syndicales. Les caisses de chômage et celles de secours de route, qui sont une forme de la solidarité de classe, viennent à peu près sur le même rang, — englobant environ le sixième de l'effectif syndical.

Le gouvernement s'est préoccupé de pousser au développement des caisses de chômage, en accordant une prime, — sous forme de subvention globale de cent mille francs à répartir annuellement entre elles, — mais l'appât de cette subvention n'a pas eu l'effet qu'il espérait. Les organisations corporatives n'ont pas été aguichées; elles ont prêté à l'Etat l'arrière-pensée de vouloir les leurrer, avec l'espoir de pallier au chômage grâce à ces caisses. Aussi, infime est le nombre des organisations qui, sur cette incitation, ont constitué des caisses de chômage; la majeure partie des caisses sont antérieures à cette subvention.

Dans la plupart des cas, avons-nous dit, les caisses de mutualité et de chômage ne sont pas soudées au syndicat;

elles en sont des filiales autonomes, ayant une existence propre et l'adhésion à ces caisses n'est pas, pour le syndiqué, obligatoire. Il n'en est guère autrement que dans les syndicats de constitution déjà ancienne. L'autonomie relative de ces diverses œuvres a l'avantage de ne pas surcharger le syndicat de préoccupations autres que la résistance et de ne pas atténuer son caractère de lutte de classe.

C'est cela qui est, en France, l'objectif dominant de l'organisation syndicale : la *lutte de classe*. Et c'est justement parce qu'ils ont ce caractère nettement combatif que les syndicats n'ont pas encore englobé dans leur sein les foules ouvrières dont s'enorgueillissent les organisations d'autres pays. Seulement, ce qu'il faut souligner, c'est que ces foules vont à ces syndicats, attirées surtout par le mirage de la mutualité, tandis qu'en France ces préoccupations sont très secondaires et les travailleurs se syndiquent parce qu'ils sentent — plus ou moins vaguement ou nettement — la nécessité de la résistance au patronat.

Ce caractère des syndicats français, les statuts-types édités par la Confédération Générale du Travail, le formulent en la suivante déclaration préalable :

« Considérant que par sa seule puissance le travailleur ne peut espérer réduire l'exploitation dont il est victime;

« Que d'autre part, ce serait s'illusionner que d'attendre notre émancipation des gouvernants, car — à les supposer animés des meilleures intentions à notre égard — ils ne peuvent rien de définitif, attendu que l'amélioration de notre sort est en raison directe de la décroissance de la puissance gouvernementale;

« Considérant que, de par les effets de l'industrie moderne et de l'appui *logique* que procure le pouvoir aux détenteurs de la propriété et des instruments de production, il y a antagonisme permanent entre le Capital et le Travail;

« Que, de ce fait, deux classes bien distinctes et irréconciliables
sont en présence : d'un côté, ceux qui détiennent le Capital, de
l'autre les Producteurs qui sont les créateurs de toutes les richesses,
puisque le Capital ne se constitue que par un prélèvement effectué
au détriment du Travail ;

« Pour ces raisons, les Prolétaires doivent donc se faire un devoir
de mettre en application l'axiome de l'*Internationale* : « L'ÉMANCIPA-
TION DES TRAVAILLEURS NE PEUT ÊTRE L'ŒUVRE QUE DES TRAVAILLEURS
EUX-MÊMES » ;

« Considérant que pour atteindre ce but, de toutes les formes de
groupements le Syndicat est la meilleure, attendu qu'il est un groupement d'intérêts coalisant les exploités devant l'ennemi commun :
le capitaliste; que par cela même il rallie dans son sein tous les
producteurs de quelque opinion ou conception philosophique, politique ou religieuse qu'ils se réclament ;

« Considérant également que si le Syndicat se cantonait dans un
isolement regrettable, il commettrait fatalement (toutes proportions
gardées) la même erreur que le travailleur isolé et qu'il manquerait
ainsi à la pratique de la solidarité; il y a donc nécessité que tous
les producteurs s'unissent d'abord dans le Syndicat, et ce premier
acte réalisé, complètent l'œuvre syndicale en faisant adhérer leur
Syndicat à leur fédération locale ou Bourse du travail, et par le
canal de leur union nationale à la Confédération Générale du
Travail.

« A cette condition seulement, les travailleurs pourront lutter
efficacement contre leurs oppresseurs jusqu'à complète disparition
du salariat et du patronat. »

Cette déclaration, qui précise l'orientation syndicale, est,
en termes plus ou moins explicites, celle dont se réclament
la grande majorité des syndicats. En effet, sur les 5.000
syndicats dont les statistiques officielles signalent l'existence, les plus actifs, les plus vivants, — ceux qu'on qualifie
de « syndicats rouges » — sont adhérents à la Confédération
du Travail. Celle-ci groupe, en fait, dans sa section des
Fédérations 2.500 syndicats, et si l'on tient compte qu'à sa

section des Bourses du travail sont groupés nombre de syndicats qui ne sont pas affiliés à une Fédération corporative, on constate que plus des deux tiers des syndicats sont confédérés. Outre les syndicats adhérant à leur fédération corporative et à leur Bourse du travail, le nombre de ceux adhérant seulement à leur Bourse, s'élève à la section des Bourses du travail à environ 900. Ces syndicats, ajoutés aux 2.500 affiliés aux Fédérations corporatives, donnent un total de 3.400 syndicats confédérés.

D'autre part, il faut se souvenir que les statistiques gouvernementales n'ont qu'une valeur relative. Sur les 5,000 syndicats qu'elles annoncent, il en est de fictifs et d'inexistants, — sans compter les syndicats *jaunes*. Or, quoique la plupart de ces derniers n'aient qu'une vitalité problématique, constitués qu'ils sont sous l'influence patronale, ils n'en font pas moins nombre. Ainsi, dans le seul département du Nord (qui d'ailleurs à ce point de vue offre une situation tout à fait exceptionnelle) les patrons, aidés des congrégations religieuses, ont créé une centaine de syndicats jaunes; la plupart de ces prétendus syndicats comprennent une trentaine d'ouvriers d'une même usine, sous les ordres d'un contre-maître. De tels agglomérats n'ont de syndical que l'étiquette, — cependant ils ont leur état-civil à l'Annuaire des syndicats que publie l'Etat.

Par conséquent, en faisant le départ des syndicats fictifs, problématiques et jaunes, on constate que la majeure partie des syndicats relèvent de la Confédération Générale du Travail.

II

LES FÉDÉRATIONS DE SYNDICATS

L'affiliation des syndicats à la Confédération s'effectue par la voie d'une double série d'organismes fédératifs qui groupent d'un côté les syndicats de professions diverses agglomérées dans une même ville ou région, de l'autre les syndicats d'une même profession répandus sur la surface du territoire.

Les premiers de ces groupements sont les Bourses du Travail ou Unions de Syndicats; les seconds sont les Fédérations nationales corporatives.

L'*Union des syndicats* d'une même ville est une telle nécessité que ce mode de groupement s'est développé rapidement, plus rapidement même que les Fédérations corporatives. Les syndicats ont vite compris que si, dans leur centre, ils restaient isolés les uns des autres, ils se trouveraient à peu près dans la même situation qu'un travailleur se tenant à l'écart du syndicat : ils n'auraient pu compter que sur leurs propres forces et leurs sentiments de révolte n'eussent pas été fécondés par leur esprit de solidarité.

Donc, le groupement des syndicats d'une même ville s'est fait plus spontanément que le groupement fédéral corporatif, rayonnant sur toute la France. Il a d'ailleurs été facilité par l'appui des municipalités, qui, avec une arrière-pensée politique, ont donné locaux et subventions à ces agglomérats de syndicats. Ces institutions nouvelles ont pris le titre de *Bourses du Travail*. Les municipalités avaient espéré que ces organisations limiteraient leur action au terre-à-terre corporativiste et avaient espéré, par leurs lar-gesses, s'attirer la reconnaissance des syndicats, s'en faire une clientèle électorale.

Or, la Bourse du Travail est, en devenir, l'organisme qui, dans une société transformée, où il n'y aura plus possibilité d'exploitation humaine, se substituera à la municipalité. Par conséquent, il était inévitable que des conflits éclatent entre ces deux forces en présence, l'une représentant le passé, l'autre l'avenir.

Les syndicats ne se sont pas crus liés par les subventions reçues ; ils ont suivi leur voie, sans se préoccuper si leur action causait ou non un préjudice électoral au person-nel politique de l'Hôtel-de-Ville.

Alors, par rancune et dépit, nombre de municipalités sont parties en guerre contre les Bourses du Travail, leur refusant les subventions ou ne les accordant qu'à des con-ditions inacceptables. Et il est à noter que ces persécutions ne sont pas particulières à des municipalités d'opinions réactionnaires ou simplement républicaines, mais que des municipalités socialistes ont été des plus archarnées contre les Bourses du Travail. Pour n'en citer que deux : celles des deux grandes villes, Paris et Lyon.

Ces conflits sont une manifestation de la divergence qu'il y a entre le démocratisme et le syndicalisme. Quelles que soient les opinions arborées par les municipalités, — même socialistes, — ces opinions évoluent dans le cadre de la société capitaliste et, par conséquent, aboutissent à la perpétuer ; au contraire, à la Bourse du Travail, parce que les opinions sont une préoccupation insignifiante, tout concourt à développer l'embryon de la société nouvelle qui se substituera au capitalisme. C'est|cet antagonisme que marquent les conflits entre les municipalités et les Bourses du Travail ; il y a discordance complète de points de vue et d'intérêts entre ces deux organismes, — discordance qui ne tient pas aux opinions, encore une fois, puisque des municipalités de toutes opinions ont persécuté des Bourses du Travail.

C'est par besoin, faute de ressources suffisantes, que les organisations ouvrières acceptaient ou demandaient les subventions municipales ; mais, à l'épreuve, elles ont compris à quels dangers les expose cette tutelle et elles ont manœuvré pour s'en libérer. Il s'est constitué d'abord des Unions de Syndicats, vivant à côté de la Bourse du Travail, quelquefois même dans le local municipal. Il y a alors une juxtaposition d'organismes qui prête à un peu de confusion : la Bourse du Travail et l'Union des Syndicats s'entrelacent, administrées quelquefois par les mêmes hommes. Mais l'Union des Syndicats est alors un organisme moralement autonome, pouvant faire sa propagande sans se préoccuper si cela plaît ou non à la municipalité, et la Bourse du Travail n'est plus qu'un local ou tout au plus un organisme inférieur. Quand cette situation se présente, la Confédération du Travail s'affilie l'Union des Syndicats et non la Bourse du Travail.

Cette semi-indépendance est encore trop précaire ; aussi, de plus en plus, les Unions locales tendent à se libérer de tout subventionnisme en s'installant dans des locaux à elles. Cette pleine autonomie, qui est en passe de se réaliser, —

trop lentement au gré des plus actifs militants, — tout en nécessitant, de la part des syndicats, de lourds sacrifices et de grands efforts, donnera au mouvement syndical un essor prodigieux et accroîtra la confiance que les travailleurs mettent en lui.

Les Bourses du Travail ou Unions locales sont aujourd'hui au nombre de 135, affiliées à la Confédération du Travail ; elles groupent 2500 syndicats, sur lesquels environ 1600 sont reliés à une Fédération nationale corporative. Il y a donc à peu près 900 syndicats qui, au point de vue de l'affiliation à la Confédération, sont « boiteux », attendu qu'ils ne relèvent que de l'une des deux sections confédérales, — celle des Bourses du Travail.

L'administration de ces organismes locaux procède toujours du principe fédératif: les syndicats nomment un ou plusieurs délégués, sans durée de mandat déterminé, par conséquent toujours révocables, pour constituer un Conseil d'administration qui doit assurer le fonctionnement de tous les services de la Bourse du Travail. Ces services sont de deux ordres : de solidarité et de propagande.

Outre le service de placement gratuit, les Bourses du Travail assurent, au mieux de leurs ressources, l'aide aux ouvriers sans travail et de passage ; elles assurent le fonctionnement de cours professionnels, donnent des renseignements judiciaires, etc. Au point de vue propagande, leur besogne n'est pas moins importante : sous leur influence, le contingent syndical s'accroit en nombre et en conscience, soit qu'elles prennent l'initiative de la constitution de nouveaux syndicats, soit qu'elles aident au développement de ceux existants. Exemple : c'est à l'activité des Bourses du Travail du Midi qu'est due la pénétration du syndicalisme chez les travailleurs agricoles et la création de nombreux syndicats de paysans vignerons ; dans le centre de la France, c'est la Bourse du Travail de Bourges qui a organisé les bûcherons ; dans l'Ouest, c'est la Bourse du Travail de Brest qui a secoué la vieille Bretagne, jusque là restée à l'écart de tout mouvement ouvrier.

D'autre part, quand une grève éclate, les Bourses du Travail sont le foyer où se concentrent les travailleurs en révolte ; et, 'si une action d'ensemble s'organise, matérialisant la solidarité de toute la classe ouvrière du pays, — propagande générale ou mouvement de masse, — c'est d'elles que rayonne l'influence vivifiante. Qui plus est, au point de vue antimilitariste, leur action est considérable : elles sont accueillantes aux soldats, les réconfortent, et contrebalancent en eux les influences pernicieuses de la caserne.

Les Bourses du Travail sont unies entre elles par un lien fédératif : elles sont affiliées à un organisme qui était, il y a quelques années, la Fédération des Bourses du Travail et qui est devenu, depuis la réalisation de *l'unité ouvrière*, au congrès de Montpellier de 1902, la Section confédérale des Bourses du Travail, l'autre Section confédérale étant celle qui groupe les Fédérations nationales corporatives.

Les *Fédérations corporatives* sont constituées par des syndicats de même industrie ou de professions similaires. Pendant longtemps, il s'est élevé au sein de la Confédération, des discussions au sujet du groupement fédéral par métier ou par industrie. Depuis le Congrès d'Amiens, (octobre 1906), sans que soient éliminées les Fédérations de métier existantes, ne sont plus admises, à la Confédération, que les Fédérations d'industrie.

2.

Les Fédérations corporatives rayonnent sur tout le pays et, quoique leur action s'exerce dans un autre plan que celle des Bourses du Travail, elle est d'une importance aussi capitale. On peut dire que ces deux organismes se complètent et que, par leur soudure dans la Confédération, ils portent au plus haut degré de cohérence et d'efficacité le groupement ouvrier.

Si l'agglomérat syndical se bornait aux organismes locaux que sont les Bourses du Travail, l'horizon ouvrier se trouverait trop limité à la région et c'est aux frontières de leur corporation que seraient bornées, existant seules, les Fédérations corporatives. Ces deux formes de groupement se complètent donc et portent au maximum d'acuité la solidarité prolétarienne.

Les Fédérations corporatives, en servant de trait d'union aux syndicats épars sur la surface du territoire, leur donnent une nécessaire unité de vues et préparent l'unité d'action pour la lutte. Elles font éclater les différences de conditions de travail et entravent l'abaissement des salaires que vise à réaliser l'exploitation capitaliste, en s'installant dans les régions nouvelles où elle espère trouver des salariés ignorants et à bon marché. Dans les batailles sociales que sont les grèves, leur intervention est efficace, car, outre qu'elles peuvent faire le vide dans la localité en conflit, elles peuvent appuyer les travailleurs en lutte, en condensant en leur faveur l'effort solidaire de toute la corporation. Il est bien évident que, livré à lui-même, n'ayant à faire fonds que sur ses maigres ressources, un syndicat isolé aurait une puissance de résistance très limitée. Le groupement fédératif accroit cette puissance, la multiplie.

Les Fédérations corporatives ne sont pas, au point de vue

organique, d'un type uniforme. La dominante est, toujours, le fédéralisme avec, à la base, l'autonomie pour le syndicat. Cependant, il est quelques fédérations, parmi les plus anciennes, où subsiste encore un centralisme qui aurait tendance à étouffer l'autonomie du syndicat ; mais ce sont là vestiges d'un passé qui s'abolit sous la poussée de la conscience révolutionnaire.

La Fédération, à base essentiellement fédérale, est administrée par un Comité fédéral formé d'un délégué de chaque syndicat affilié. Ce délégué, toujours révocable par le syndicat dont il relève, reste donc, par correspondance, en contact permanent avec l'organisation qui le mandate ; de la sorte est apporté, au Comité fédéral, avec le plus de fidélité, l'esprit des divers syndicats. Les Fédérations de l'Alimentation, des Cuirs et Peaux, de la Métallurgie, etc., sont ainsi constituées.

Le type de la Fédération centraliste est donné par la Fédération du Livre ; elle est administrée par un Comité central, nommé pour plusieurs années, au scrutin de liste, par l'ensemble des fédérés. Il est inutile de montrer les inconvénients qui peuvent résulter d'une telle administration : le Comité central est un pouvoir qui ne relève quasiment de personne et il peut arriver qu'il ne représente pas l'esprit de la corporation.

Un autre mode de groupement fédératif est le Syndicat national, avec sections à la base, n'ayant qu'une autonomie très relative. Cette forme d'agrégation syndicale peut être tenue pour spéciale aux travailleurs relevant de l'Etat ou de grandes compagnies.

Les sections syndicales d'un Syndicat national ont une vie autonome infime. Les trois quarts des cotisations perçues sont centralisées au Syndicat, de sorte que la section, ne gardant pour elle qu'environ un quart, se trouve manquer de ressources et, diminuée de moyens d'actions, elle est obligée; pour sa propagande, d'en appeler à l'intervention centrale.

Le Syndicat national est modelé sur l'organisation de l'Etat qu'il combat ; cette forme de groupement répond évidemment à des nécessités de cohésion qui résultent de l'organisation de l'Etat-Patron ; mais les travailleurs qui l'acceptent, s'ils ne consultaient que leurs préférences, pencheraient pour un mode de groupement plus autonome, plus fédératif.

Quelle que soit la diversité des types fédératifs, leur caractéristique est, à de rares exceptions, un puissant souffle d'esprit fédéral. Le centralisme qui, en d'autres pays, tue l'initiative ouvrière et entrave l'autonomie du syndicat, répugne à la classe ouvrière française. Et c'est cet esprit d'autonomie et de fédéralisme — qui sera l'essence des sociétés économiques de l'avenir, — qui donne au syndicalisme français figure si profondément révolutionnaire.

Les ressources financières des fédérations sont diverses, provenant de cotisations qui oscillent en moyenne entre 10 et 40 centimes par membre et par mois. Cette faiblesse des cotisations s'explique par les besognes auxquelles fait face la Fédération : elles sont surtout de propagande et de résistance au patronat. Les services de mutualité, comme nous l'avons dit, sont très réduits : viaticum dans la plupart, et, pour quelques fédérations, secours de chômage. Quant à l'appui donné aux grèves, au point de vue financier, il relève, en majeure partie, des initiatives de solidarité. Les organisations françaises n'ont pas la prétention de dresser leurs coffre-forts contre la puissance capitaliste; aussi, tout en tenant compte de la nécessité qu'il y a de soutenir financièrement une grève, elles n'escomptent pas son succès que de fortes caisses.

La Fédération du Livre a, tant au point de vue financier que mutuelliste, physionomie à part. Sa cotisation est de 2 francs par mois et par membre, et elle assure aux syndiqués : secours de chômage, viaticum, secours de maladie, secours de grève. Elle rappelle, tant par la forme que par l'esprit, les organisations anglaises, et, au surplus, l'autonomie de ses syndicats est très relative, leur action étant subordonnée au consentement de la Fédération.

La majeure partie des Fédérations publient un organe corporatif, dans la plupart des cas mensuel, et qui, le plus souvent, est servi gratuitement à tous les fédérés.

A des périodes déterminées, chaque Fédération tient un Congrès où s'examine l'œuvre accomplie, où se révisent les tendances et se manifeste l'orientation de l'agrégat syndical. Les Syndicats nationaux tiennent un congrès annuel, nécessité par la forme même de leur organisation centraliste ; quant à la plupart des fédérations, elles organisent, sinon un congrès tous les ans, au moins tous les deux ans. Seule, la Fédération du Livre se borne à un congrès tous les cinq ans.

L'importance de ces assises ouvrières, pour la marche de la Fédération, est considérable. Là, se retrempe l'organisation, et la mise en contact des militants venus de tous les points du pays, renouvelle et vivifie leurs convictions, de même qu'à ce frottement disparaissent les résidus d'esprit particulariste.

Les Fédérations sont, actuellement, au nombre de 60 et les Syndicats nationaux de trois, groupant un minimum de 2.500 syndicats ou sections syndicales. L'effectif fédéral, au point de vue du nombre de syndiqués que représente cet agglomérat serait, d'après les statistiques financières de la Confédération, de 205.000. Seulement, il faut tenir compte que, pour des raisons diverses, au lieu de majorer leur effectif, les Fédérations ont tendance à cotiser, pour un chiffre de fédérés moindre qu'il n'y a en réalité. Par conséquent, il faut tenir ce chiffre de 205.000 comme inférieur à la réalité.

Sur ces 2.500 syndicats, la plupart sont affiliés à leur Bourse du Travail ou Union locale (exception faite de ceux qui n'ont pas dans leur rayon d'Union locale). Le chiffre des syndicats " boîteux ", c'est-à-dire qui, tout en adhérant à leur Fédération corporative, ne sont pas affiliés à leur Bourse du Travail ou Union locale, ne dépasse pas 300.

Les plus fortes Fédérations sont : celle du Bâtiment, groupant 210 syndicats ; celles du Livre et celle de la Métallurgie, groupant chacune environ 180 syndicats ; viennent ensuite la Fédération du Textile avec 115 syndicats, la Fédération des Mouleurs, avec 79, etc. ; la Fédération des Cuirs et Peaux groupe 64 syndicats, mais il est à observer que, depuis son dernier congrès, elle a travaillé à fusionner en un même groupement les syndicats de spécialités existant dans une même ville. A noter les Fédérations paysannes dont le développement, ces dernières années, a été un des symptômes de la puissance de rayonnement de la Confédération : la Fédération des Agriculteurs du Midi (principalement viticulteurs) groupe une centaine de syndicats et la Fédération des Bûcherons 85.

Le type des Syndicats nationaux est donné par celui des Travailleurs du Chemin de fer, qui comprend 178 sections. Ce Syndicat, de même que ceux qui se sont formés après lui, a dû vaincre le mauvais vouloir gouvernemental. L'Etat entendait interdire à ses ouvriers de se syndiquer et il n'a consenti à respecter leurs syndicats que lorsqu'il n'a pu faire autrement. Longtemps la liberté syndicale a été contestée aux travailleurs des chemins de fer ; leur groupement est accepté aujourd'hui par l'Etat qui, par contre, prétend refuser la liberté syndicale aux facteurs des postes, de même qu'aux instituteurs. Il en sera pour ceux-ci comme il en a été pour les travailleurs des chemins de fer.

III

L'ORGANISME CONFÉDÉRAL

La concentration syndicale s'effectue par trois paliers : premier palier, le syndicat ; deuxième palier, d'un côté la Fédération nationale corporative, de l'autre l'Union locale de syndicats divers ou Bourse du Travail ; troisième palier, la Confédération du Travail.

A la Confédération viennent aboutir tous les organismes fédératifs de la classe ouvrière ; c'est là qu'ils entrent en contact et c'est là que s'unifie, s'intensifie et se généralise l'action économique du prolétariat. Mais, il ne faut pas s'y tromper : la Confédération n'est pas un organisme de direction, mais bien de coordination et d'amplification de l'action révolutionnaire de la classe ouvrière ; elle est donc tout le contraire des organismes démocratiques qui, par leur centralisation et leur autoritarisme, étouffent la vitalité des unités composantes. Ici, il y a cohésion et non centralisation, impulsion et non direction. Le Fédéralisme est partout et, à chaque degré, les organismes divers, — l'individu, le syndicat, la Fédération ou la Bourse du Travail, —

sont tous autonomes. C'est là ce qui fait la puissance rayonnante de la Confédération : l'impulsion ne vient pas d'en haut, elle part d'un point quelconque et ses vibrations se transmettent, en s'amplifiant, à la masse confédérale.

La fonction et le but de la Confédération sont définis par ses statuts : *elle groupe les salariés pour la défense de leurs intérêts moraux et matériels, économiques et professionnels.*

Cette définition englobe toutes les manifestations de l'activité humaine. Ainsi, par son acte constitutif, la Confédération affirme nettement que son action n'est pas limitée à l'étroitesse des intérêts purement corporatifs et que le devenir social ne lui est pas indifférent.

C'est d'ailleurs ce que précise le paragraphe suivant : *elle groupe, en dehors de toute école politique, tous les travailleurs conscients de la lutte à mener pour la disparition du salariat et du patronat.*

La Confédération est donc neutre au point de vue politique. Il en est de même au point de vue confessionnel, malgré qu'il n'en soit rien précisé dans cette déclaration de principe. S'il n'est pas fait allusion à la neutralité religieuse, c'est uniquement parce qu'en France ces croyances sont un vestige d'un passé qui s'abolit de jour en jour et dont il n'est plus question dans la vie courante. Au point de vue politique, la neutralité affirmée n'implique point l'abdication ou l'indifférence en face des problèmes d'ordre général, d'ordre social ; il n'est nullement question d'un neutralisme qui réduirait la Confédération à évoluer dans les cadres d'un corporatisme étroit et à ne rien voir au-delà des besognes momentanées et restreintes d'une défense professionnelle s'adaptant à la société capitaliste. Le neutralisme

affirmé est, au contraire, la proclamation d'un idéal permanent, plus précis, plus net, que celui qui forme le bagage idéologique des divers partis socialistes parlementaires : cet idéal
va au delà, dépasse et domine les contingences du moment.

L'agglomérat confédéral s'effectue en dehors de toutes les
écoles politiques, qui ne sont toutes, — même quand elles
se réclament des doctrines de transformation sociale, —
qu'un prolongement du démocratisme ; sa base est le terrain économique et ainsi se réalise la dislocation nécessaire,
qui enraye tout confusionnisme entre *classes* et *partis*.

C'est dans le plan parlementaire, dans les cadres de la
société bourgeoise que s'agitent les écoles politiques et leur
tendance dominante se limite à poursuivre une modification
de la façade sociale. C'est, d'ailleurs, à l'*opinion* de tous qu'elles
font appel et non à l'intérêt d'une classe déterminée. Seules
font exception les écoles socialistes : elles prétendent repré-
senter et amalgamer les deux : *classe* et *opinion*. Les expé-
riences de ce dernier quart de siècle sont l'illustration de
l'illogisme d'une telle prétention ; fatalement, mécanique-
ment, étant donné le milieu où se manifeste leur action,
elles sont entraînés à négliger le côté « classe » pour ne se
préoccuper que de celui « opinion ». Aussi, toutes versent-
elles dans le parlementarisme et elles deviennent une forme
extrême du démocratisme, — et rien de plus.

Il en va autrement pour la Confédération : elle néglige
les opinions — qui sont fugaces et changeantes, — pour ne
retenir que les intérêts de classe du prolétariat. Ces intérêts
sont la base solide, inébranlable, sur laquelle elle s'érige et
le but qu'elle poursuit a un caractère de fixité et de perma-
nence sur lequel sont sans influence les relativités du présent,
non plus que les aspects différents des régimes politiques.

Elle opère donc une cassure complète entre la société actuelle et la classe ouvrière et la formation nouvelle dégage et met en pleine lumière qu'il n'y a qu'un groupement normal et efficace : le groupement de classe. La brisure se fait donc, nette et intégrale, entre les formations sociales du passé et celles que la Confédération évoque et qu'elle travaille à réaliser.

L'idéal proclamé et poursuivi est la disparition du salariat et du patronat. Cette disparition ne peut être totale que si est totale l'élimination des forces d'oppression, concrétées par l'Etat, et des forces d'exploitation, manifestées par le capitalisme. Ensuite, sur les ruines du monde bourgeois, sera possible l'épanouissement d'un fédéralisme économique, au sein duquel l'être humain aura toute liberté de développement et de satisfaction, et dont les syndicats, — groupes de production, de circulation, de répartition, — seront la cellule constitutive. Or, il est bien évident que la réalisation de cette transformation sociale ne peut être que l'œuvre des groupements qui, dans la société actuelle, sont l'embryon des organismes de la société nouvelle, — les syndicats ! On ne peut pas concevoir de groupements, autres que ceux-là, aptes à cette besogne d'expropriation et de réorganisation.

Le but proclamé par la déclaration de principes de la Confédération s'identifie donc avec l'idéal posé par toutes les écoles de philosophie sociale ; seulement, elle le pose, expurgé de toutes les superfétations doctrinales, de toutes les vues particulières aux sectes, pour n'en conserver que l'essence. On peut même observer qu'elle le pose avec autrement d'ampleur que les écoles qui rêvent d'une réalisation sociale étatiste ; il en est, parmi celles-ci, qui bornent leur conception à une transformation qui laisserait subsister le salariat ; les producteurs seraient encore des salariés, mais au lieu d'être à la solde de patrons individuels, ils seraient les salariés de l'Etat, devenu l'organe représentatif de l'ensemble de la société et faisant face, désormais, à toutes les fonctions sociales, — production, distribution, etc.

Différant de cette conception étroite et centraliste, l'idéal posé par la Confédération condense toutes les aspirations de transformation sociale, et c'est cela qui lui donne physionomie à part, et la place au-delà des diverses écoles. On peut même reconnaître qu'elle dépasse celles-ci — quelles qu'elles soient, — en vigueur révolutionnaire, attendu qu'en elle l'acte s'allie à la pensée, puisque, dans le milieu actuel, elle constitue non seulement la force destructive de la société capitaliste, mais encore féconde et réchauffe l'embryon de la société transformée.

Ce qui concourt à donner à la Confédération sa puissance de pénétration et de rayonnement, c'est que, de cet idéal, dont elle jalonne la route de l'avenir, elle ne fait pas un indispensable acte de foi; ce n'est pas un « credo » qui ouvre la porte des syndicats aux travailleurs qui le formulent et la ferme à ceux qui s'y refusent. Ce serait alors glisser dans les agglomérats d'opinion, avec lesquels la Confédération n'a ni rapports ni contacts. Une seule condition est nécessaire pour entrer au syndicat : c'est d'être un salarié, un exploité. Le travailleur est instinctivement conduit à s'y affilier dès qu'il sent peser sur ses épaules le joug de l'exploitation et que sa conscience, jusque là somnolente, s'éveille. Peu importent alors ses conceptions philosophiques et même ses croyances religieuses. Le principal est qu'il vienne au syndicat. Une fois-là, avant qu'il soit longtemps, il dépouillera

le vieil homme ; dans ce milieu fécondant, au frottement et
à la fréquentation des camarades de lutte, son éducation
sociale se fera. Et il en sera ainsi, parce que l'idéal confédéral n'est pas une formulation théorique, doctrinale, mais
la constatation d'une nécessité sociale, fatalement opposi-
tionnelle à la société capitaliste et qui est la résultante logique
de la cohésion du prolétariat sur le terrain économique.

Ainsi s'éclaire et se définit la neutralité du syndicalisme
français, en face des problèmes d'ordre général ; sa neutralité n'implique pas passivité. La Confédération n'abdique
devant aucun problème social, non plus que politique (en
donnant à ce mot son sens large). Ce qui la distingue des
partis démocratiques, c'est qu'elle ne participe pas à la vie
parlementaire : elle est *a-parlementaire*, comme elle est
a-religieuse, et aussi comme elle est *a-patriotique*. Mais son
indifférence en matière parlementaire ne l'empêche pas de
réagir contre le gouvernement et l'expérience a prouvé l'efficacité de son action, exercée contre les pouvoirs publics,
par pression extérieure.

Sur ces bases, essentiellement économiques, se réalise et se
développe la Confédération : elle est ainsi constituée par ses
deux Sections, celle des Fédérations nationales corporatives
(à laquelle adhèrent les Fédérations d'industrie), celle des
Bourses du Travail, (à laquelle adhèrent les Unions locales
ou Bourses du Travail), — avec, pour chaque Section, un
comité distinct et autonome, formé à raison d'un délégué
par organisation adhérente. Chacun de ces comités décide
des propagandes qui lui incombent, faisant face à son
action avec les cotisations qu'il perçoit.

La réunion des délégués des deux Sections forme le
Comité Confédéral ; de lui relèvent les propagandes d'ordre

absolument général, intéressant l'ensemble de la classe ouvrière. Ainsi, lorsqu'il fut question de mener la campagne d'agitation contre les Bureaux de placement et aussi celle pour la Journée de Huit Heures, des commissions spéciales, nommées par lui, eurent charge de faire le nécessaire. Le Comité Confédéral n'a pas de ressources propres et à ses dépenses contribuent, par parts égales, les deux Sections.

Le budget de la Confédération est modeste. Les cotisations perçues sont, pour la Section des Fédérations, de 40 centimes par centaine de syndiqués et, pour la Section des Bourses du Travail, de 35 centimes par syndicat.

Au cours du dernier exercice (1er juin 1904 au 31 mai 1906), la Section des Fédérations a perçu 17.650 francs de cotisations ; avec les recettes diverses, et y compris l'encaisse antérieure, elle accusait, au 31 mai 1906, 22.000 francs de recettes et 19.300 francs de dépenses.

Dans le même laps de temps, la Section des Bourses percevait, en tant que cotisations, 11.821 francs et accusait 16.800 francs de recettes avec 13.845 francs de dépenses.

Mais, on aurait tort d'évaluer l'influence et la puissance confédérale seulement d'après ses ressources. Il serait inexact de prétendre que, pour elle, l'argent est le nerf de la guerre. Elle a une force d'expansion qui ne se jauge pas financièrement; d'elle émane un incomparable élan révolutionnaire et elle est un si vivifiant foyer d'action, que l'influence exercée et la besogne accomplie sont hors de toute proportion avec ses ressources financières.

Ce budget n'a d'ailleurs pas d'autre destination que de faire face aux nécessités administratives et aux besognes de propagande, et il n'est pas un budget de solidarité. Quand une grève surgit, la Confédération apporte son appui moral, envoie des délégués sur le champ de grève, canalise l'effort de solidarité syndicale, mais ne fournit pas directement de subsides. Cette fonction est normalement remplie par les Fédérations corporatives qui, la plupart, assurent des secours aux grévistes, soit avec les fonds de leur caisse spéciale de grève, soit par une cotisation supplémentaire, prélevée sur tous les fédérés.

Le Comité Confédéral n'intervient que comme un condensateur de solidarité, un élément de suractivité et de polarisation, mais jamais il ne se manifeste comme élément de direction, substituant sa volonté à celle des intéressés.

La Confédération s'est donnée un signe de reconnaissance, une marque de solidarité, qu'utilisent seules les organisations confédérées (pour leurs appels, circulaires, publications, etc.): le « label confédéral », — une mappemonde sur laquelle, par dessus frontières et océans, s'entrelacent deux mains fraternelles, avec, en exergue, la devise *Bien-Etre et Liberté*. Ce « label » est le symbole du lien de solidarité qui relie la classe ouvrière en ses communes aspirations.

La Confédération a aussi son organe, un journal hebdomadaire, La *Voix du Peuple*, à propos duquel peut se faire la même observation que pour le budget confédéral : cette feuille a un tirage restreint, 7.000 exemplaires par semaine, seulement. Mais on aurait tort d'en conclure à une faible influence de cet organe ; comme la majeure partie des syndicats confédérés y sont abonnés, il arrive ainsi aux mains des plus actifs militants, membres des bureaux et des conseils syndicaux et, grâce à eux, par leur intermédiaire, se diffuse la pensée confédérale.

Tous les deux ans, un Congrès général réunit les organisations confédérées ; à ces assises, outre les questions de
propagande, se précise l'orientation générale du mouvement
syndicaliste. A ces congrès, les syndicats seuls ont voix
délibérative, -- étant seuls les unités confédérales ; les
Fédérations Corporatives et les Bourses du Travail peuvent
y envoyer — et y envoient — des délégués ; mais ceux-ci
n'ont que voix consultative. Ces Congrès sont l'équivalent,
pour la Confédération, de ce qu'est, pour un syndicat,
l'assemblée générale de ses adhérents ; grâce à ces réunions,
les éléments syndicaux entrent en contact et il en résulte
une fermentation utile ; les courants d'opinion se dégagent,
l'orientation se précise.

Au dernier Congrès, à Amiens (1906), un millier de syndicats y participaient, ayant mandaté 400 délégués. La question dominante qui fut discutée à ce Congrès avait trait à
l'autonomie de la Confédération : il était proposé de la faire
entrer en rapports avec le Parti socialiste. Cette proposi-
tion a été repoussée à la quasi unanimité : par 834 mandats,
contre une trentaine, il a été proclamé que la Confédération
doit rester autonome et reconnu qu'elle est le seul organisme de lutte de classe réelle ; et aussi que le syndicalisme
est apte à préparer et à réaliser, sans interventions extérieures, par la grève générale, l'expropriation capitaliste et
la réorganisation sociale avec, pour bases, le syndicat qui,
de groupement de résistance, se transformera en groupement de production et de répartition.

Chacun des Congrès Confédéraux de ces dernières années a
marqué un grandissement de la force confédérale et, parallèle-
ment, un accroissement de la conscience révolutionnaire. Celui d'Amiens de 1906 a été le couronnement de cette évolution.

Quel est exactement, au point de vue numérique, le dénombrement de cette force ? C'est difficile à dire.

Nous l'avons vu plus haut, à l'heure actuelle, la Confédération, groupe, dans sa Section des Fédérations, 64 organismes fédératifs de corporations et, dans sa Section des Bourses du Travail, elle groupe 135 organismes locaux. D'après les cotisations versées à la Section des Fédérations, je répète que l'effectif est au minimum de 205.000. Cependant, il a été nécessaire d'observer que ce chiffre indique bien un minimum ; pour des raisons particulières — principalement budgétaires, — j'ai dit que des Fédérations ne cotisent que pour un effectif inférieur au nombre de leurs affiliés. Donc, pour dresser une statistique réelle, il faudrait connaître l'importance de cet écart. Autant peut s'en dire en ce qui concerne la Section confédérale des Bourses du Travail ; le dernier exercice financier (du 1er Juin 1904 au 31 Mai 1906) donne pour les 135 groupements affiliés un effectif de 1.600 syndicats, alors qu'en réalité, il y a, dans les Bourses du Travail ou Unions des Syndicats, 2.500 syndicats.

Le chiffre de 205.000 travailleurs confédérés, qui se dégage de l'examen du budget de la Section des Fédérations est donc, j'y insiste, très au dessous de la réalité. A ce nombre, il faut ajouter la quantité de travailleurs fédérés, pour lesquels les Fédérations ne cotisent pas. En outre, il faut faire entrer en ligne de compte que, sur les 2.500 syndicats affiliés aux Bourses du Travail, il en est à peu près 900 qui ne sont pas reliés à leur fédération corporative. C'est donc une importante quantité numérique qui vient s'ajouter aux évaluations ci-dessus.

La statistique publiée par le gouvernement — sujette à

caution, — nous l'avons dit, — accusait, en 1905, 850.000 tra-vailleurs des deux sexes, groupés dans près de 5.000 syn-dicats. Nous savons que l'effectif, en tant que syndicats, de la Confédération est, d'environ, 3.400, groupant, *en 1906*, à la Section des Fédérations 205.000 travailleurs, qui, avec l'élément seulement adhérant aux Bourses du Travail forme un total de plus de 300.000 syndiqués. Mais, ces chiffres n'ont qu'une valeur momentanée ; la Confédération étant en continuel grandissement, ils sont *aujourd'hui* au-dessous de la vérité : à la Section des Fédérations, l'effectif est d'au moins 250.000 ; avec l'effectif seulement adhérant aux Bourses, on a un total d'au moins 350.000 syndiqués.

Ces supputations sont nécessaires pour se donner une idée générale de l'effectif de la Confédération. Mais il est indispensable d'observer qu'un tel organisme — qui est un organisme de constante lutte de classe, — ne doit pas se comparer avec des organisations moins guerrières et plus financières. La puissance de la Confédération du Travail ne réside pas dans de fortes caisses et il serait inexact de l'évaluer uniquement d'après ses cadres. Elle est un orga-nisme vivant, au sein duquel les réactions s'accomplissent selon les modes que nous voyons en action dans la nature : les éléments qu'elle groupe — et qui sont les éléments d'élite de la classe ouvrière, les plus conscients, les plus révolutionnaires, — agissent sur la masse prolétarienne à l'égal des ferments et, aux heures psychologiques, leur influence est prépondérante.

II

La Tactique

De la constitution en un bloc autonome des travailleurs, — bloc qui manifeste avec une grandissante acuité la lutte de classe — devaient résulter des moyens d'action adéquats à cette forme de groupement et aux tendances qu'il exprime.

C'est ce qui s'est produit. Les méthodes d'action de l'organisation confédérale ne s'inspirent pas de l'idée démocratique vulgaire; elles ne sont pas l'expression du consentement d'une majorité dégagée par le procédé du suffrage universel. Il n'en pouvait d'ailleurs pas être ainsi, dans la plupart des cas, car il est rare que le syndicat englobe la totalité des travailleurs; trop souvent, il ne groupe qu'une minorité. Or si le mécanisme démocratique était pratiqué dans les organisations ouvrières, le non vouloir de la majorité inconsciente et non syndiquée paralyserait toute action. Mais la minorité n'est pas disposée à abdiquer ses revendications et ses aspirations devant l'inertie d'une masse que l'esprit de révolte n'a pas animée et vivifiée encore. Par conséquent, il y a pour la minorité consciente obligation d'agir, sans tenir compte de la masse réfractaire, — et ce, sous peine d'être forcée à plier l'échine, tout comme les inconscients.

Au surplus, la masse amorphe, pour nombreuse et compacte qu'elle soit, serait très mal venue à récriminer. Elle est la première à bénéficier de l'action de la minorité ; c'est elle qui a tout le profit des victoires remportées sur le patronat. Au contraire, les militants sont souvent les victimes de la bataille ; les patrons les pourchassent, les mettent à l'index, les affament, — et ce, avec la complicité du gouvernement.

Donc, l'action syndicale, si infime que soit la minorité militante, n'a jamais une visée individuelle et particulariste ; toujours elle est une manifestation de solidarité et l'ensemble des travailleurs intéressés, quoique n'y participant en rien, est appelé à bénéficier des résultats acquis.

Qui pourrait récriminer contre l'initiative désintéressée de la minorité ? Ce ne sont pas les inconscients, que les militants n'ont guère considérés que comme des zéros humains, n'ayant que la valeur numérique d'un zéro ajouté à un nombre, s'il est placé à sa droite. Que ne viennent-ils au syndicat ? Il n'est pas un groupement fermé ; d'ailleurs, loin de se passer de leur concours, les militants s'efforcent de les syndiquer, d'avoir leur appui.

Ainsi apparaît l'énorme différence de méthode qui distingue le syndicalisme du démocratisme : celui-ci, par le mécanisme du suffrage universel, donne la direction aux inconscients, aux tardigrades (ou mieux à leurs représentants) et étouffe les minorités qui portent en elles l'avenir. La méthode syndicaliste, elle, donne un résultat diamétralement opposé : l'impulsion est imprimée par les conscients, les révoltés, et sont appelées à agir, à participer au mouvement, toutes les bonnes volontés.

I

L'ACTION DIRECTE

Une formule expressive, heureuse, de parfaite limpidité, est venue condenser et résumer la tactique du syndicalisme révolutionnaire : l'*Action Directe*.

A bien voir, l'Action Directe n'est pas chose neuve, — sa nouveauté est d'être la formulation théorique d'un mouvement, — car autrement elle est la raison d'être de tout syndicat. Dès qu'il s'en constitue un, on peut inférer que, consciemment ou inconsciemment, les travailleurs qui le composent visent à faire leurs affaires eux-mêmes, à lutter directement, sans intermédiaires, sans se fier à d'autres qu'à soi, pour la besogne à accomplir. Ils sont donc logiquement amenés à faire de l'Action Directe, — c'est-à-dire de l'action syndicale, indemne de tout alliage, sans compromissions capitalistes ou gouvernementales, sans intrusion dans le débat de « personnes interposées ».

Ainsi, la caractéristique de l'Action Directe est d'être une manifestation spontanée ou réfléchie, mais sans intervention d'agent extérieur, de la conscience et de la volonté ouvrière, — et ce indépendamment de son intensité. Celle-ci est affaire de circonstances, de résistance à vaincre. Action Directe n'est pas, fatalement, synonyme de violence : elle peut se manifester sous des allures bénévoles et pacifiques ou très vigoureuses et fort violentes, sans cesser d'être — en un cas comme en l'autre, — de l'Action Directe.

Elle est, en outre, variée en ses modalités, suivant que l'attaque est plus expressément dirigée contre les capitalistes ou contre l'Etat. Contre celui-ci, l'Action Directe se matérialise sous forme de *pression extérieure*, tandis que, contre le patronat, les moyens communs sont la grève, le boycottage, le label, le sabotage.

Il est bien évident qu'une catégorisation trop systématique pêcherait par étroitesse ; ces diverses modalités peuvent se manifester au cours d'un même conflit et simultanément.

Il faut noter, en outre, que si l'Action Directe est la dominante du syndicalisme français, elle n'en est cependant pas l'unanime tendance. Il y a, au sein de la Confédération — comme en tout groupement, — deux pôles : à côtés des éléments révolutionnaires, survivent des groupements « réformistes », à manifestations hétérogènes, mais qui peuvent cependant se rattacher à deux conceptions ; le corporatisme et l'interventionnisme.

Observons de suite que ceux qui se réclament de l'une ou l'autre de ces tendances ont dû, sous l'influence confédérale, modifier leurs concepts et leur orientation. Les heurts résultant des divergences doctrinales vont s'atténuant, grâce à une graduelle marche en avant des éléments « réformistes », qui en sont venus à accepter les fins révolutionnaires d'expropriation capitaliste que poursuit la Confédération.

A l'origine, le corporatisme, en limitant son action à des améliorations de détail, n'ayant ni vues d'ensemble, ni idéal, ni d'autre horizon que la frontière corporative, ne menaçait en rien la société capitaliste. D'autre part, l'espoir en l'intervention de l'Etat qui, — parce que saturé de démocratisme, — se ferait bon gendarme en faveur des exploités, aboutissait aux mêmes fins conservatrices. De l'une et l'autre conception, découlait la collaboration des classes, substituée à la lutte de classe, pierre angulaire du syndicalisme.

Cette orientation déviatrice et pacifiste, qui est en voie d'extinction, les pouvoirs publics cherchent à la revivifier, par des mesures législatives qui tendent à subordonner les syndicats à l'Etat, à restreindre leur champ d'activité et à parlementariser leur action. Dans cet ordre a été institué le « Conseil supérieur du Travail », où siègent des élus ouvriers et patronaux, avec pour fonction de « mâcher » les lois ouvrières au parlement, — qui, la plupart du temps n'avale pas cette pâtée. Le gouvernement avait aussi institué des « Conseils du Travail » qui n'ont jamais fonctionné d'ailleurs, — et où délégués ouvriers et patronaux auraient solutionné les conflits économiques ; de même, encore, il songe à octroyer aux syndicats la capacité juridique et commerciale, espérant les entraîner sur le terrain capitaliste où les appétits mercantiles et financiers leur feraient oublier la lutte de classe ; un autre projet de même ordre est la réglementation des grèves par l'arbitrage obligatoire, qui n'aurait d'autre conséquence que d'énerver la résistance ouvrière et d'étrangler le droit de grève.

L'accueil fait dans les milieux ouvriers à ces projets de réaction syndicale n'est pas pour enchanter le gouvernement : les travailleurs ont percé à jour son machiavélisme et ils refusent énergiquement les cadeaux qu'on rêve de leur octroyer. La tendance révolutionnaire n'a donc pu être enrayée et il apparaît, de plus en plus, à la classe ouvrière qu'il n'y a d'autre solution aux conflits économiques que celle résultant du choc des deux forces en présence.

II

LA GRÈVE

Au premier plan des moyens d'action, le plus à la portée des travailleurs est le refus de travail, — *la grève*. Ont recours à elle, les travailleurs inorganisés, de même que les travailleurs organisés.

En effet, la grève n'implique pas l'existence d'un syndicat. Dans les centres où les travailleurs végètent, sans lien entre eux, poussière humaine à la merci de l'exploiteur, elle est souvent le prélude du groupement : quand le joug se fait trop écrasant, c'est à la grève que les victimes ont recours et alors, ce soulèvement spasmodique nécessite une coalition momentanée qui, sous l'action des plus consclients, devient l'embryon d'un syndicat.

Dans la grève de travailleurs organisés, il entre davantage de méthode et de conscience révolutionnaire, et la portée économique du conflit n'est pas limitée aux seules questions en litige ; la grève apparaît alors comme un épisode de guerre sociale.

Il est nécessaire de noter que l'appréciation des travailleurs, sur la valeur de la grève, en tant que moyen révolutionnaire, s'est considérablement modifiée sous l'influence du syndicalisme. La grève n'est plus regardée comme un « mal » fatal, inévitable, — un abcès qui, en crevant, manifesterait brutalement l'antagonisme du capital et du travail, mais sans profit possible et immédiat pour ce dernier. Elle a subi une modification parallèle à celle subie par l'idée de révolution. La révolution n'est plus considérée comme une catastrophe devant éclater en des jours proches ou lointains ; elle est tenue pour un acte se matérialisant journellement, grâce à l'effort de la classe ouvrière en révolte, — et la grève est considérée comme l'un des phénomènes de cette révolution. Par conséquent, celle-ci n'est plus tenue pour un « mal » ; elle est l'heureux symptôme d'un accroissement de l'esprit de révolte et elle se manifeste comme un phénomène d'expropriation partielle du capital. Il est reconnu que ses résultats ne peuvent être que favorables à la classe ouvrière : au point de vue moral, il y a accroissement de la combativité prolétarienne et, du côté matériel, l'assaut donné sur un point à la société capitaliste comporte une diminution des privilèges de la classe exploiteuse qui se traduit par un accroissement en bien-être et en liberté pour la classe ouvrière.

Cette conception de la grève rend vivante, et de tous les instants, la lutte de classe ; elle donne aux conflits économiques une grandissante acuité ; d'elle d'écoule, logiquement et par extension, la notion de grève générale.

Multiples peuvent être les causes de grève, toute compression, toute exploitation pouvant susciter le conflit ; cependant une classification peut s'esquisser comme suit : grèves offensives, (demandes d'améliorations de tout ordre) ; grèves défensives (pour s'opposer à la reprise par le patron d'améliorations réalisées) ; grèves de dignité (engagées pour se soustraire à l'insolence de chefs ou contre-maîtres ou pour obtenir la suppression de pratiques humiliantes, telle la « fouille » en certains ateliers) ; grèves de solidarité (déclarées sans motif autre qu'un acte de solidarité envers un ou plusieurs camarades ou, encore, envers une autre corporation.)

La déclaration de grève, dans la plupart des fédérations, est laissée à l'initiative des intéressés.

Ainsi les Statuts de la Fédération des Cuirs et Peaux disent :

> Tout Syndicat déclarant la grève devra en aviser le Comité fédéral avant de commencer la lutte. Le Comité fédéral, sans avoir le droit de s'opposer à la résolution prise par le Syndicat, pourra, néanmoins, faire des objections s'il le juge nécessaire.

Il est naturel que la Fédération intéressée au conflit soit avisée ; cela n'entache en rien l'autonomie du Syndicat. Exception est faite en cas de grève défensive, la cessation de travail ne comportant pas d'attermoiements.

Cet esprit anime la majeure partie des Fédérations corporatives ; il en est cependant quelques-unes, entre autres la Fédération des Travailleurs du Livre, qui stipulent strictement que la déclaration de grève est subordonnée à la décision du Comité central.

Cette différence d'attitude fédérative s'explique par la différence de tactique de lutte : pour ces dernières Fédérations, l'argent est le nerf de la guerre et elles comptent surtout sur l'appui financier qu'elles peuvent donner aux grévistes ; il leur semble donc normal que, la caisse devant être engagée, ceux pour qui elle va être écornée, attendent l'avis du Comité.

Au contraire, dans les autres Fédérations, sans faire fi des moyens pécuniaires, ce n'est pas d'eux principalement qu'est escomptée la victoire : c'est de l'élan, de l'attitude révolutionnaire, de la vigueur aggressive des grévistes qu'est espéré le succès. L'appui financier est, en grande partie, dû à des souscriptions volontaires et l'alimentation des grévistes est assurée par des « marmites communistes ». La grève acquiert ainsi des aspects de bataille sociale qu'anime l'ébauche communiste des « popottes ».

Il arrive aussi que la grève perde son caractère de conflit partiel et, qu'à l'appui moral et pécuniaire des corporations voisines s'ajoute leur appui effectif. Alors, c'est la grève se généralisant à toute une ville ; c'est la vie sociale s'arrêtant pour que satisfaction soit donnée à une seule corporation — et quelquefois même pour que ne soit pas lésé un seul ou plusieurs camarades, si la cause initiale de la grève est un acte de solidarité.

Ainsi, la grève, par ses mobiles intérieurs, par ses manifestations extérieures, dépasse le cadre corporatif et devient un épisode révolutionnaire. En dehors de la grève, moyen traditionnel de résistance au patronat, la Confédération préconise encore le *Boycottage* et le *Label*, ainsi que le *Sabotage*.

III

BOYCOTTAGE ET LABEL ; SABOTAGE

Le *Boycottage* et le *Label* — qui sont la contre-partie l'un de l'autre, — dérivent des mêmes principes d'auto-émancipation.

Le *Boycottage* est la mise à l'index, l'interdit jeté sur un industriel ou un commerçant, l'invite aux ouvriers de ne pas accepter de travail chez lui et, si c'est un débitant qui est *boycotté*, l'invite aux consommateurs de ne pas se servir à sa boutique. Outre qu'il est un moyen d'obliger le patron à céder aux revendications ouvrières, le *Boycottage* est aussi un moyen de se défendre, en tant que consommateurs, contre la rapacité des intermédiaires qui tenteraient de récupérer, sur le dos du consommateur, les améliorations obtenues par le producteur.

Le *Label*, dont l'action moins brutale peut paraître inspirée d'intentions plus pacifistes, est l'opposé du *Boycottage* : il est l'invitation faite par une corporation à la masse ouvrière afin qu'elle utilise, sans qu'il lui en coûte rien de plus que la volonté de manifester son esprit de solidarité, sa force de consommation en faveur des camarades de la corporation indiquée. Et ce, de façon très simple ; en se fournissant chez les commerçants et industriels que la « marque syndicale » recommande comme respectant les conditions syndicales.

Le *Label* est considérablement développé dans l'industrie du Livre : les imprimeurs qui occupent des ouvriers syndiqués intercalent, à côté de leur firme, la « marque syndicale » délivrée par la Fédération et qui est l'attestation que ce travail a été exécuté par des ouvriers syndiqués. Rares sont encore les autres corporations qui imposent le *Label* industriel. Mais, dans d'autres branches, telle l'Alimentation ou chez les Coiffeurs, une pancarte « Affiche-Label », délivrée par la Fédération et la Confédération, indique à la clientèle que sont syndiqués les ouvriers ou employés de la maison.

Le *Label* est donc l'invitation, faite par une corporation à la masse ouvrière d'utiliser, (sans autre effort que celui érigé par une pensée de solidarité), sa force de consommation en faveur des camarades de la corporation indiquée. Malgré qu'en apparence le *Label* ne soit pas une manifestation d'un révolutionnarisme flamboyant, il n'en dérive pas moins du même principe : les travailleurs luttant et se défendant contre le capitalisme, directement et par leurs propres forces, sans se reposer sur une puissance extérieure.

Le *Sabotage* est la mise en pratique de la maxime : « A mauvaise paye, mauvais travail » ; il frappe le patron au cœur, — c'est à dire au coffre-fort. Le *sabotage* s'effectue, tantôt par un ralentissement dans la production, tantôt par de la malfaçon ; tantôt même il s'attaque à l'instrument de production. Dans le commerce le *sabotage* s'effectue par le gaspillage de l'objet vendu, dont le commis fait au besoin profiter l'acheteur, ou encore par la rebuffade envers ce dernier, de manière à le pousser à s'approvisionner ailleurs. Le *sabotage* est, le plus souvent l'acte individuel, venant souligner la revendication collective. Il est bon d'ajouter que la crainte du *sabotage* est un calmant précieux et suffit souvent à ramener les patrons récalcitrants à de meilleurs sentiments.

Un exemple de l'efficacité du sabotage est la conquête, par les ouvriers coiffeurs parisiens, du repos hebdomadaire et aussi de la diminution de la durée d'ouverture des salons de coiffure. C'est par le « badigeonnage » des devantures patronales, avec un produit caustique détériorant la peinture que cette corporation a conquis les améliorations précitées. En l'espace de trois ans, sur les 2.000 boutiques de coiffure de Paris, il n'y en a peut-être pas cent qui n'aient pas été badigeonnées, au moins une fois, — sinon plusieurs. Aussi, les résultats en sont intéressants ; au lieu de veiller, le soir, jusqu'à des heures très tardives, les salons de coiffure ferment, en moyenne, à 8 heures; de plus, ils ferment un jour par semaine (le lundi ou le dimanche) depuis le 1er Mai 1906.

IV

LA LUTTE CONTRE L'ÉTAT

Les moyens d'action que nous venons d'esquisser rapidement, outre qu'ils concernent principalement la lutte immédiate, se rapportent surtout à la bataille contre le patron. Mais, le Syndicalisme exerce une action sociale qui, sans se manifester par une participation directe à la vie parlementaire, n'en a pas moins pour objet de ruiner l'Etat moderne, de le briser, de l'absorber. Poursuivant l'émancipation intégrale, il ne peut se borner à vouloir libérer le travailleur du capitalisme et le laisser sous le joug de l'État. Seulement, la lutte contre les pouvoirs publics n'est pas menée sur le terrain parlementaire ; et cela, parce que le Syndicalisme ne vise pas à une simple modification du personnel gouvernemental, mais bien à la réduction de l'État à zéro, en transportant dans les organismes syndicaux les quelques fonctions utiles qui font illusion sur sa valeur, et en supprimant les autres, purement et simplement. Il serait donc inexact de déduire de ce que le syndicalisme ne cherche pas à pénétrer dans les assemblées légiférantes, en y envoyant des mandataires, qu'il est indifférent à la forme du pouvoir : il le veut le moins oppressif, le moins lourd possible et il travaille en ce sens par une action sociale qui, pour se manifester du dehors, n'en est pas moins efficace. A la tactique de la *pénétration*, qui entraînerait la classe ouvrière à faire, fatalement, acte de « parti », il oppose et préfère la tactique de la *pression extérieure* qui dresse le prolétariat en bloc de « classe » sur le terrain économique.

Cette tactique de la pression extérieure engendre les mouvements de masses — qui sont une combinaison des modes d'action partielle, grève, boycottage, sabotage, — prodromes de la réalisation de la grève générale expropriatrice et qui en soulevant, en unanime protestation, tout ou partie de la classe ouvrière contre les pouvoirs publics, obligent ceux-ci à tenir compte des volontés prolétariennes.

Un des plus caractéristiques de ces mouvements de masse a été, en 1903-1904, la campagne contre les bureaux de placement qui, après deux mois d'agitation grandissante a amené le parlement à sanctionner légalement la suppression de ces officines, — ce que, depuis vingt ans, malgré pétitions et réclamations pacifiques, il s'était obstiné à refuser.

C'est encore des mêmes notions d'action de masses et de pression extérieure qu'a découlé la campagne d'agitation pour les huit heures qui, dans le plan législatif, a obligé le parlement — grâce aux grandioses manifestations de Mai 1906, — à légiférer sur le repos hebdomadaire. Et la relation de cause à effet est, en la circonstance, on ne peut plus tangible : le vote et la promulgation de cette loi suivent de quelques semaines le 1er Mai et, qui plus est, il faut remarquer que le Sénat était, quelques mois auparavant, en grande majorité opposé à une législation sur le repos hebdomadaire ; s'il s'y est résolu, c'est qu'il a été emporté par le mouvement, c'est qu'il s'est modifié sous la répercussion de la pression extérieure des syndicats.

Ainsi, la classe ouvrière ne borne pas son action à lutter directement contre le patron, elle lutte aussi, — et toujours directement, c'est à dire, sans recourir au parlementarisme, au système de la participation à l'œuvre gouvernementale, par voie de « personnes interposées », — contre l'État, qui est l'expression défensive du patronat et, par cela même en est le souteneur obligé. Aussi, l'action ouvrière, outre les assauts qu'elle donne au pouvoir, dans le but de le faire reculer, vise-t-elle en même temps à amoindrir sa force oppressive, — et ce, jusqu'à disparition complète.

V

LA GRÈVE GÉNÉRALE

Le mode d'action qui permettra à la classe ouvrière de mener à bien cette œuvre, — qui est celle de l'émancipation intégrale, — est l'aboutissant logique de son groupement sur le terrain économique et des conceptions qui s'en dégagent : il a son expression dans l'idée de *Grève Générale*.

La grève générale est la cassure matérielle entre le prolétariat et la bourgeoisie, qu'a précédée la cassure morale et idéologique par l'affirmation de l'autonomie de la classe ouvrière. Celle-ci, après avoir proclamé qu'elle porte en elle tous les éléments réels de vie sociale, ayant acquis la vigueur et la conscience nécessaires pour imposer ses volontés, passera à l'acte, se refusant à produire pour la classe bourgeoise, — et cette révolte décisive sera la Grève Générale.

Ce refus de continuer la production dans le plan capitaliste ne sera pas purement négatif ; il sera concomittant à la prise de possession de l'outillage social et à une réorganisation sur le plan communiste, effectuée par les cellules sociales que sont les syndicats. Les organismes corporatifs devenus les foyers de la vie nouvelle disloqueront et ruineront ces foyers de l'ancienne société, que sont l'État et les municipalités. Désormais, les centres de cohésion seront dans les fédérations corporatives, dans les unions syndicales et c'est à ces organismes que reviendront les quelques fonctions utiles aujourd'hui dévolues aux pouvoirs publics et aux communes.

Cette crise révolutionnaire est préparée par les catastrophes partielles, qui sont les préliminaires de la générale expropriation capitaliste : tantôt, grèves se généralisant à une corporation (telle la dernière grève des électriciens parisiens) ; tantôt, grèves générales locales (comme il s'en est produit à diverses reprises dans les grands centres, Marseille, Saint-Étienne, Nantes, etc.) ; tantôt, mouvements de masse qui viennent, en vagues grandissantes déferler contre le capitalisme et l'État.

III

Les Résultats

Les bénéfices que les travailleurs français ont retiré et retirent de leur organisation de classe ne peuvent se mesurer que par approximations. Ces bénéfices sont de deux ordres : matériels et moraux, et, pour en fixer la valeur, il n'y a guère d'autre moyen d'appréciation que les résultats des conflits engagés contre le patronat.

Il faut d'abord tenir compte qu'il est des causes automatiques d'améliorations : découvertes scientifiques, développement de l'outillage industriel, rapidité des moyens de communications, etc. Mais, ces progrès — dont, au surplus, la classe ouvrière ne profite qu'en très minime proportion — ne modifient pas la structure sociale et ne changent rien aux rapports qui subordonnent le travailleur au patron et au dirigeant.

Par conséquent, il ne faut enregistrer ces progrès automatiques, ni comme résultats de l'action ouvrière, ni comme preuve de la sympathie des capitalistes envers le prolétariat. Ne doivent être portées au compte syndical, que les améliorations obtenues par la poussée ouvrière, — que cette poussée s'esquisse seulement en menace, ou qu'elle aille jusqu'au conflit plus ou moins brutal.

4.

I

LES GRÈVES

Au point de vue matériel, des indications nous sont fournies par l'*Office du Travail*, qui dresse annuellement une statistique des grèves. L'origine gouvernementale de cette statistique et la difficulté de l'établir doivent nous inciter à ne donner à ces chiffres qu'une valeur relative ; nous devons les recueillir comme indications générales et ne pas leur attribuer une trop grande exactitude.

Cette statistique ne porte que sur les conflits déclarés et non sur ceux qui ont pu se solutionner à l'amiable, avant la crise de cessation de travail.

En la décade 1890-1900, sur 100 grèves, la proportion de résultats a été : réussites, 23,8 0/0 ; transactions, 32,2 0/0 ; échecs, 43,8 0/0. Si, au lieu de se borner à examiner le simple pourcentage des grèves, on cherche le pourcentage des résultats par nombre de grévistes, on trouve : réussites, 18,4 0/0 ; transactions, 43,33 0/0 ; échecs, 37,36 0/0.

En cette dizaine d'années, il y a donc eu 56 grèves sur 100 qui se sont terminées par des améliorations plus ou moins considérables en faveur des ouvriers ; et, sur un cent de travailleurs, il y en a eu 61,38 qui ont retiré un bénéfice matériel de ces conflits.

Dans les quatre années qui suivent (1901 à 1904), il a été enregistré 2,628 grèves qui ont englobé 718,306 travailleurs. Les résultats sont les suivants :

644 grèves (soit 24 0/0) se sont terminées par une réussite ;
995 (soit 38 0/0) par une transaction ; 989 (soit 37,8 0/0)
par un échec. En examinant le chiffre des grévistes, on
trouve que 14 pour 100 ont obtenu satisfaction (98,978) ;
que 65 pour 100 ont eu satisfaction partielle (462,976) et,
comme échec, seulement 21 sur 100 (156,441 grévistes).

En ces quatre ans, par conséquent, pour 100 grèves, 62 se
sont terminées favorablement (réussites ou transactions)
et 37,8 défavorablement. Il y a donc, en comparaison de la
décade antérieure, accroissement de résultats en faveur des
travailleurs ; et cet accroissement est autrement sensible en
examinant le chiffre des grévistes. Sur 100 travailleurs
entrés en conflit, 79 en ont tiré un bénéfice et seulement
21 ont subi un échec.

Cet accroissement de résultats favorables est encore plus
marqué par la statistique des grèves de 1906 ; Sur 830 grèves
qui ont éclaté en cette année, 184 se sont terminées par la
réussite totale (soit 22,17 0/0) ; 361 par une réussite partielle
(soit 43,50 0/0) ; 285 par un échec (soit 34,33 0/0).

.47,888 travailleurs ont participé à ces 830 conflits et
22,872 d'entre eux ont obtenu les améliorations exigées
(soit 12,87 sur 100) ; 125,016 n'ont obtenu que des améliorations partielles (soit 70,37 sur 100) ; 29,778 seulement ont
subi un échec (soit 19,76 sur 100). Ainsi sur 100 grèves déclarées en 1905, il y a 65,67 de réussites et 34,33 d'échecs
et sur 100 travailleurs qui ont fait grève 83,24 en ont tiré
profit. La progression est caractéristique :

Grèves terminées favorablement.

De 1890 à 1900............ 56 sur cent.
De 1901 à 1904............ 62 —
En 1905................. 65,67 —

Nombre de grévistes bénéficiaires.

De 1890 à 1900 .... 23,38 sur cent
De 1901 à 1904 79   —
En 1905 83,24   —

La raison de cet accroissement graduel de victoires
ouvrières, il ne faut pas la chercher ailleurs que dans le
développement de la conscience ouvrière et de la puissance
de l'organisation confédérale.

Avant 1900, la *Confédération du Travail* n'avait pas
acquis l'épanouissement actuel ; elle était tiraillée par les
tendances politiciennes et, sous le ministère Waldeck-
Rousseau-Millerand, les manœuvres du pouvoir tendaient
à enrayer l'essor syndical, s'efforçant de domestiquer les
syndicats et d'en faire des *organismes d'État*.

Depuis 1900, au contraire, la *Confédération du Travail*,
faisant front à toutes les embûches, a poursuivi l'œuvre
d'organisation autonome de la classe ouvrière sur le terrain
économique, proclamant que le combat devait se mener
avec une égale vigueur contre le pouvoir et contre le patronat. Et le développement de l'organisme confédéral, vivifié
par cette attitude de lutte, a suivi une marche ascendante.

Dès lors, il est naturel que cette attitude révolutionnaire
se soit traduite, dans les faits, par une accentuation du caractère révolutionnaire des grèves, et, par conséquent, par
une augmentation des solutions favorables aux travailleurs

C'est à la vigueur déployée dans la bataille et aussi à
l'idéal révolutionnaire dont sont pénétrés les ouvriers français, et non à la puissance de leurs caisses syndicales, que
sont dus ces résultats. Ces constatations ne sont pas pour
les inciter à dévier de leur ligne de conduite. S'ils s'avisaient

de remplacer l'élan révolutionnaire par la thésaurisation, et de n'entreprendre de mouvements qu'avec une caisse amplement garnie et avec la prudence qu'exige la crainte d'engager de gros capitaux dans une lutte dont l'issue est douteuse, auraient-ils de meilleurs résultats ? C'est peu probable. En tous les cas, la comparaison avec les résultats obtenus aux pays où ces tactiques prédominent n'est pas défavorable à la France.

L'accentuation révolutionnaire du mouvemement gréviste est d'ailleurs caractérisée par ce fait qu'en 1905, si l'on ne tient compte que des deux plus importantes revendications parcellaires, qui sont l'augmentation des salaires et la diminution de la durée du travail, on constate que les mouvements *offensifs* dominent :

Sur 177.666 grévistes près de 70 0/0 — 124.000 — ont exigé une augmentation de salaire et plus de 85 0/0 ont obtenu gain de cause, totalement ou en partie.

530.000 grévistes ont réclamé une diminution du temps de travail. Sur ce nombre, près de 40 0/0 ont eu complète satisfaction, 51 0/0 ont bénéficié d'une victoire partielle et, seulement, 9,35 0/0 ont subi un échec.

II

LES CONDITIONS DU TRAVAIL

Il faudrait pouvoir procéder à un examen d'ensemble et montrer quelle a été la répercussion heureuse de l'action syndicale sur l'amélioration générale des conditions du travail. Mais les éléments de cette appréciation manquent. Il n'est possible que de signaler quelques faits, en certaines corporations données, où la poussée syndicale a été d'une efficacité indéniable.

Ainsi, chez les bûcherons du Centre de la France (Cher et Nièvre), avant la création des syndicats, les salaires oscillaient entre 80 centimes et 1 fr. 25 par jour et la durée du travail était de 15 à 16 heures. Aujourd'hui, grâce à la puissance de l'organisation syndicale, le maximum de la durée du travail journalier est de dix heures, pour le travail des bois ; de plus les conditions du travail ont été modifiées, les salaires augmentés de 40 à 50 0/0 et le contrat collectif, ainsi qu'une sorte de commandite paysanne, remplace, pour le travail des bois, l'ancien embauchage individuel.

Dans le midi de la France, par une série de grèves (1904-1905), les ouvriers viticulteurs ont obtenu de 25 à 30 0/0 d'augmentation de salaires, avec une durée de travail oscillant entre un maximum de huit heures et un minimum de six heures.

En dix ans, les ouvrières et ouvriers des manufactures de tabacs, qui sont très solidement groupés, ont fait passer leurs salaires d'une moyenne de 5 fr. 15 à une moyenne de 5 fr. 90, pour les hommes ; dans le même laps de temps, le salaire des femmes montait d'une moyenne de 3 fr. 23 à celle de 3 fr. 94. De plus, la journée de neuf heures a été acquise.

Les ouvriers des manufactures d'allumettes, qui sont syndiqués dans la proportion de neuf sur dix, ont, en dix ans, fait monter la moyenne des salaires : pour les hommes, de 5 francs à 6 fr. 68 ; pour les femmes de 3 fr. 45 à 5 francs. Eux aussi ont la journée de neuf heures.

Les ouvriers des ateliers des postes, télégraphes et téléphones, ainsi que ceux occupés à la pose des lignes et leur entretien, ont obtenu, par l'effort syndical, la journée de huit heures et un minimum de salaire de 5 francs.

Le personnel des Arsenaux de la Marine de l'Etat a conquis, depuis trois ans, la journée de huit heures.

Les ouvriers boulangers ont obtenu des augmentations de salaires allant, dans certains centres, jusqu'à un franc par jour.

Les ouvriers coiffeurs ont ramené la fermeture des salons de coiffure à des heures normales, — et ce, en certaines villes, par la grève et, en d'autres, par le sabotage particulier qu'est le badigeonnage des devantures.

Malgré ce qu'elles ont de très incomplet, ces quelques indications évoquent l'importance des résultats de l'action syndicale. Il faut observer que la grève n'a pas toujours été nécessaire ; la pression syndicale a quelquefois suffi pour rendre les exploiteurs conciliants, que ceux-ci fussent des patrons particuliers ou bien l'Etat.

La force syndicale a, en effet, cet avantage qu'il lui est possible de s'affirmer et d'atteindre le résultat qu'elle vise, par la seule menace de la lutte. Et c'est cette menace qui, en se généralisant et s'accentuant, devient la vigoureuse manifestation de puissance ouvrière qu'est la pression extérieure, exercée sur les pouvoirs publics.

C'est par la pression extérieure que fut arrachée au parlement la suppression des bureaux de placement. Après des incidents divers, tels que mises à sac d'officines de placeurs, manifestations plus ou moins violentes, la *Confédération du Travail* organisait, le même jour, dans les principales villes de France, cent meetings de protestation (le 5 décembre 1903).

L'impression que causa cette vigoureuse campagne d'agitation — menée à bien avec de faibles ressources, — amena le parlement à légiférer contre les bureaux de placement ; ce qu'il s'était refusé à faire pendant vingt ans.

C'est encore par la pression extérieure, qu'en 1905, les conseillers prud'hommes ouvriers de la Seine obligèrent le Parlement à modifier la loi régissant la jurisprudence prud'homale ; ils refusèrent de siéger et cette sorte de grève eut le résultat voulu.

III

LE 1ᵉʳ MAI 1906 ET LES HUIT HEURES

Nul mouvement ne symbolise mieux les méthodes d'action confédérale que la campagne d'agitation pour les huit heures, qui a eu son premier épanouissement en mai 1906, en conformité à la décision prise au Congrès Confédéral de Bourges, en 1904.

a) *Le sens de la résolution de Bourges.* — Cette résolution stipulait que jusqu'au 1ᵉʳ Mai 1906, une intense campagne d'agitation allait familiariser les travailleurs avec la nécessité de réduire à 8 heures la durée du travail, leur faire comprendre que cette amélioration ne sera acquise que par leur volonté, et que, par conséquent, il fallait qu'ils aient l'initiative et l'énergie de ne pas consentir à travailler plus de huit heures par jour. Le Premier Mai 1906 était indiqué comme date d'action.

Certains ont pris à tâche de déformer cette résolution, d'en dénaturer l'esprit, pour la réduire à une formule impérative et, sous le prétexte qu'au 1er Mai 1906, la classe ouvrière n'a pas, d'un bond, conquis la journée de huit heures, ils ont conclu avec empressement à la «faillite » du syndicalisme révolutionnaire.

Qu'il me soit permis, à ce propos, de me citer, afin d'indiquer le mal fondé de cette déformation. Au lendemain du Congrès de Bourges, dans le *Mouvement Socialiste* du 15 Mars 1905, j'écrivais :

.... Il faut comprendre que la formule « Conquête de la Journée de Huit Heures » n'a pas un sens étroit et rigidement concret ; c'est une plateforme d'action qui s'élargit jusqu'à englober toutes les conditions de travail.

La « Journée de Huit Heures » est, si l'on peut s'exprimer ainsi, un mot de passe qui va permettre aux travailleurs de s'entendre facilement pour une action d'ensemble à accomplir. Cette action consistera à arracher au patronat le plus qu'il sera possible, et suivant les milieux, et suivant les corporations, la pression revendicatrice pourra s'intensifier sur tel ou tel point particulier..... Ainsi, pour les ouvriers de l'Alimentation, pour les Coiffeurs, etc... l'effort se concentre, momentanément, sur la conquête du repos hebdomadaire....

Et je concluais :

..... Quoi qu'il advienne, le mouvement pour les huit heures portera des fruits. Le principe de physique « rien ne se crée, rien ne se perd » se vérifiera. L'effort accompli ne sera pas perdu ; toujours l'action engendre l'action.....

Tel était le sens de la résolution de Bourges qui, prise à la lettre, était une affirmation théorique, rigide, absolue, mais qui, en passant dans la réalité, devait subir — et a subi — les atténuations fatales qu'imposent les circonstances, le milieu, la vie.

b) *Les résultats moraux.* — Ce qu'il faut avant tout retenir, c'est l'énorme travail éducatif qui a découlé de cette résolution.

Pendant dix-huit mois, une propagande intense s'est faite pour les huit heures et il en est résulté la vulgarisation de la nécessité des courtes journées. Désormais, la journée de huit heures n'apparaît plus dans un lointain irréalisable, — telle que l'avait posée l'imprécise propagande du socialisme dogmatique, — et qui plus est, se trouve détruit aussi le préjugé qui attribuait des conditions de vie restreinte aux faibles journées, tandis que c'est le contraire : aux courtes journées de travail correspondent les hauts salaires.

Outre cette vulgarisation, qui était indispensable pour que se puissent réaliser des améliorations portant sur la durée du travail, le caractère dominant de cette agitation a été de faire vibrer en une commune aspiration la classe ouvrière. Et non seulement le prolétariat des usines, mais encore la masse paysanne a été secouée, arrachée à ses préjugés. C'est sur cette masse, jusqu'à ces derniers temps inerte et insensible, que s'appuyaient les éléments de réaction. Or, c'est grâce à la propagande syndicaliste que les paysans viennent à la Révolution.

Grâce à l'agitation des huit heures, la classe ouvrière s'est sentie mêmes cœurs, mêmes espoirs, mêmes vouloirs. Elle a vibré à l'unisson.

La secousse a amené une cohésion plus grande. Ainsi, il il a été constaté que les éléments de la Confédération, qui étaient imprégnés de tendances modérées et plus corporativistes, ont subi l'entraînement et sont entrées dans le mouvement ; de sorte que l'accentuation d'action s'est faite dans l'ensemble, sur toute la ligne.

Certes, cette première levée en masse qu'ont été les journées de Mai 1906 n'a pas amené de *déclanchement* social. Mais elle a matérialisé la puissance d'action des travailleurs et a montré que l'entrée en lutte, sur le terrain économique, engendre les plus fécondes répercussions sociales, influençant les pouvoirs publics et agissant contre eux, aussi efficacement que contre les capitalistes.

Cette levée en masse a été le choc de deux classes. Le Travail et le Capital se sont trouvés face à face, à l'état de guerre; — et le pouvoir, pour « avancé » qu'il soit au point de vue simplement politique, s'est trouvé de « l'autre côté de la barricade » — contre le prolétariat.

Cette gymnastique de révolte a eu, au point de vue moral, de précieuses conséquences : outre qu'elle a rendu la classe ouvrière plus consciente, elle lui a permis de mesurer sa force et lui a fait entrevoir ce qu'elle pourra, — lorsqu'elle voudra fermement.

c) Les résultats matériels. — Mais l'agitation pour les huit heures et la levée en masse de Mai 1906 a eu aussi des *résultats matériels,* qu'il est utile d'esquisser.

Sur le pouvoir, d'abord, la pression exercée s'est rapidement manifestée par le vote de la loi sur le repos hebdomadaire ; puis, pour étaler sa sollicitude à l'égard des travailleurs, le gouvernement a annoncé son intention de proposer que soit réduite au maximum de dix heures, la durée de la journée de travail, qui est actuellement de douze heures.

Au point de vue économique, un premier résultat a été la vulgarisation de la pratique de la « semaine anglaise », c'est-à-dire la suspension du travail, dans les usines et ateliers, le samedi après-midi. Cette pratique tend à se répandre, comme corollaire de la fermeture des magasins le dimanche et, depuis le 1er Mài 1906, elle est en usage dans nombre d'ateliers de mécanique ou de métallurgie.

Les travailleurs de l'imprimerie ont obtenu la journée de neuf heures, au lieu de dix, avec une augmentation de salaires qui est, pour le typographe parisien, de 70 centimes par jour (7 fr. 20 au lieu de 6 fr. 50). Pour les ouvriers des machines à imprimer, l'augmentation a été variable et a été surtout caractérisée par un relèvement des petits salaires.

Les lithographes, dont la fédération se distingua par une merveilleuse campagne d'agitation, ne purent pas, malgré leur obstination, obtenir la journée de huit heures ; ils ont dû se satisfaire de celle de neuf heures dans certains centres.

A Paris, dans la joaillerie, la journée a été réduite de dix heures, dans les trois quarts des maisons, avec une augmentation de salaire qui a atteint jusqu'à 1 fr. 50 par jour. Dans la bijouterie, il y a eu aussi la journée de neuf heures avec, en bien des cas, augmentation de salaires ; en quelques rares maisons se fait aujourd'hui la journée de huit heures.

Les infirmiers des hospices parisiens ont, par la seule pression syndicale, obtenu diverses améliorations, portant sur les congés du travail.

Les coiffeurs ont, à partir du 1er mai 1906, donc avant la loi, imposé la fermeture des salons de coiffure un jour par semaine.

Les ouvriers terrassiers ont obtenu que, dans les prochaines adjudications, serait tentée la journée de huit heures et, pour une spécialité (les tubistes travaillant à l'air comprimé), la journée qui était de douze heures a été ramenée à huit heures, avec même salaire. De plus, le syndicat, qui avant le 1er mai, comptait huit cents adhérents, en avait trois mille après,

Dans le bâtiment, les résultats n'en sont pas moins appréciables : les tailleurs de pierre qui avaient 75 centimes de l'heure ont obtenu 85 et même 90 centimes. Les ouvriers du ravalement ont obtenu neuf heures au lieu de dix et même salaire (12 francs.) Les maçons limousinants, qui avaient de 60 à 65, ont monté au minimum de 70 et la majorité 75 centimes de l'heure. Les maçons-plâtriers touchaient de 75 à 80 et, de façon générale, ils ont un sou d'augmentation par heure, allant même jusqu'à 95 centimes. Les « garçons » de ces corporations ont tous obtenu une augmentation oscillant entre 5 et 10 centimes ; ceux qui avaient 45 centimes sont passés à 50 et 55 centimes ; ceux de 50 à 55. En outre, le repos hebdomadaire, de façon générale, a été obtenu, — et ce, avant la mise en vigueur de la loi,

Mais, outre ces satisfactions matérielles, il y a pour le bâtiment d'autres observations à noter : avant le mouvement de mai, sur les chantiers, les ouvriers se modelaient sur le plus « bûcheur » ; celui-là était l'entraîneur qui poussait à « en abattre ». Aujourd'hui, c'est le contraire : on se modèle sur celui qui travaille le plus lentement, c'est lui qui est l'entraîneur, — si on peut s'exprimer ainsi. La conséquence est que, pour les entrepreneurs, il y a diminution de rendement d'environ 20 à 25 0/0. Outre cela, il y a, désormais, chez les ouvriers du bâtiment, un élan syndical superbe.

Chez les menuisiers, où ces dernières années, s'était constatée une regrettable apathie, le mouvement de mai a été un coup de fouet. Si, en quelques rares maisons seulement, a été obtenue la journée de 9 heures, il s'est constaté un relèvement de la conscience syndicale de très heureux présage.

Les peintres en bâtiment ont obtenu que le salaire soit porté à 0.85, au lieu de 0.75 et 0.80 par heure.

Les ouvriers des tanneries et peausseries ont obtenu la réduction de la journée de travail à dix heures au lieu de douze, avec augmentation de salaire et le repos hebdomadaire.

Ces quelques indications, malgré que très incomplètes, et restreintes plutôt à Paris, montrent l'efficacité matérielle de la campagne des huit heures.

En province, aussi, les résultats matériels acquis ont été importants : à de très rares exceptions près, partout où l'action s'est engagée, il s'est enregistré des résultats. Une énumération, outre que fastidieuse, ne pourrait être qu'incomplète. Parmi les corporations qui ont agi et qui, en nombre de villes, ont obtenu des améliorations, citons les diverses catégories d'ouvriers du bâtiment, les ouvriers des cuirs et de la chaussure, les ouvriers de l'alimentation, les coiffeurs, les métallurgistes, les lithographes, les typographes, etc.

Telle est, en rapide raccourci, la vue d'ensemble des efforts et des conséquences, au double point de vue moral et matériel, de la campagne des huit heures, qui a eu son apogée d'action au 1er mai 1906.

Ce n'est pourtant là qu'un incident de la lutte engagée. Depuis le 1er mai 1906, l'action syndicaliste s'est poursuivie avec une vigueur inlassable : nous n'avons qu'à rappeler combien elle a gagné de couches qui semblaient loin de sa portée, comme cette partie du corps des fonctionnaires qui s'est révoltée contre l'autorité étatique. Les persécutions incessantes dont le gouvernement démocratique a poursuivi les militants syndicalistes, la rigueur des répressions judiciaires, la fréquence des interventions de l'armée, etc. — voilà autant de preuves de la force redoutable qu'est devenue, en face du pouvoir et du patronat, la *Confédération Générale du Travail*.

Telles sont l'organisation, la tactique et l'action de la *Confédération Générale du Travail*. Nous avons suivi pas à pas le développement de l'organisation syndicale, noté ses caractères d'autonomie et de fédéralisme, constaté que l'action qu'engage ainsi la classe ouvrière, sur le terrain économique, ne se limite pas aux broutilles corporatives, mais s'élargit au point d'englober l'ensemble des problèmes sociaux.

Nous avons constaté les résultats de sa tactique et de ses moyens d'action, reconnu le caractère essentiellement révolutionnaire de cette pratique, même quand l'action engagée se limite à des revendications momentanées et parcellaires.

Nous avons vu le processus normal de la grève ; la grève, d'abord partielle, battant en brèche le capital, visant à l'exproprier partiellement de ses privilèges ; puis, devenant grève de solidarité, ou bien, grève de corporation, accentuant son caractère social et s'attaquant, non seulement au capital, mais aussi au pouvoir. Ensuite, de la grève ainsi comprise et pratiquée, nous avons vu surgir l'idée de grève générale, qui est la matérialisation de l'idée de révolution intégrale et dont la réalisation s'esquisse par les levées en masse du genre de celle de mai 1906.

TABLE DES MATIÈRES

L'Impression d'Art, 89, Rue de Sèvres, Paris.